INSTRUCTION PUBLIQUE.

FACULTÉ DE DROIT DE STRASBOURG.

ACTE PUBLIC

SUR

LES TRANSACTIONS,

*Soutenu à la Faculté de Droit de Strasbourg, le Lundi
24 Mars 1817, à quatre heures de relevée,*

POUR OBTENIR LE GRADE DE LICENCIÉ EN DROIT,

PAR

LOUIS-ÉDOUARD GÉRARD,

BACHELIER EN DROIT,

DE BELFORT (DÉPARTEMENT DU HAUT-RHIN).

STRASBOURG,

De l'imprimerie de Levrault, impr. de la Faculté de Droit.

1817.

M. Hᴇʀᴍᴀɴɴ, Doyen de la Faculté de Droit, Chevalier de l'Ordre royal de la Légion d'Honneur.

EXAMINATEURS :

MM. Fʀᴀɴᴛᴢ,
    Tʜɪᴇʀɪᴇᴛ ᴅᴇ Lᴜʏᴛᴏɴ, } Professeurs.
    Lᴀᴘᴏʀᴛᴇ,
    Bʟœᴄʜᴇʟ, Suppléant.

La Faculté n'entend approuver ni désapprouver les opinions particulières aux Candidats.

DES TRANSACTIONS.

~~~~~~~~~~~~~

CHAPITRE PREMIER.

Section I.re

Définition et but des Transactions.

Le mot *transaction*, employé dans un sens général, s'applique à toutes sortes d'actes de la vie civile, par lesquels on règle ses intérêts; mais il s'emploie également pour désigner un contrat particulier, et alors le Code civil en donne la définition suivante : « La « transaction, dit-il, est un contrat par lequel les parties terminent « une contestation née, ou préviennent une contestation à naître. » *Transactio est conventio, quá res dubia, dato aliquo, vel retento, vel promisso, deciditur.* (*L.* 1, *ff. de transact. L.* 38, *Cod. eod.*)

Outre les conditions essentielles à la validité des conventions en général, la transaction, pour être valable, doit encore avoir pour but de mettre fin à un procès commencé, ou être basée sur la crainte réelle d'une contestation, *propter timorem litis.* (*L.* 2, *Cod. de trans.*)

On a souvent agité la question, si, pour qu'il y ait transaction, il falloit nécessairement qu'il y eût entre les parties des sacrifices réciproques. La loi 38, *ff. de transact.*, décide l'affirmative de la question; mais Domat soutient l'opinion contraire, et le raisonnement dont il se sert pour fonder son avis, prouve que la définition que la loi romaine donne de ce contrat, pourroit conduire à l'erreur, si elle étoit prise à la lettre. On peut, en effet, transiger sans rien donner, rien retenir, ni rien promettre ; de même aussi peut-il arriver que, pour conclure une transaction, une seule des parties fasse un sacrifice, et dans ce cas, cependant, ce contrat ne doit pas, ainsi que l'ont pensé quelques auteurs, être confondu avec le désistement dont parlent les articles 402 et suivans du Code de procédure civile. En effet, par le désistement on ne renonce pas au droit, mais seulement à la procédure : la transaction emporte abandon de l'action même.

C'est ce dernier caractère qui forme l'essence de ce contrat bienfaisant et tutélaire ; aussi, de tous les moyens que le législateur inventa pour mettre fin aux contestations, souvent scandaleuses et toujours ruineuses, que l'intérêt et les passions font élever entre les hommes, le plus heureux dans ses résultats est la transaction : elle coupe, jusque dans leurs racines, tous les germes de discorde qui existoient entre les parties. En constituant les parties litigantes leurs propres juges, toutes les semences de haine que l'issue d'un procès terminé par les tribunaux ne jette que trop souvent dans le cœur de la partie vaincue, disparoissent, et chacune d'elles exécute, avec plaisir et avec empressement, un arrêt qu'elle a elle-même prononcé.

SECTION II.

De la forme des Transactions.

Instituée essentiellement dans la vue de terminer des procès, la transaction, pour ne pas manquer son but, doit être soumise à des formes qui ne puissent laisser aucun doute sur son existence, ni sur les clauses qu'elle contient ; aussi le Code civil exige-t-il que ce contrat soit rédigé par écrit (art. 2044). La loi nouvelle diffère en ce point de la législation romaine : *Si de fide transac-*

tionis confessione suá constet (dit la loi 5, *Cod. de transact.*),
scriptura , quæ probationem rei gestæ continere solet, necessa-
ria non est. Mais la disposition du Code civil est absolue : ne
seroit-ce pas, en effet, faire naître des procès, au lieu de les
éteindre, si l'effet d'une transaction devoit dépendre de la solution
d'un problème sur l'admissibilité ou les résultats d'une preuve
testimoniale ? Cependant un auteur respectable (M. DE MALEVILLE)
enseigne (t. IV, p. 328) qu'une transaction sur un objet dont la
valeur n'excédera pas 150 francs pourroit être prouvée par témoins.

Mais l'argument que l'on pourroit tirer de la loi générale, pour
fonder cette opinion, ne me paroît pas bien solide : en effet, personne ne conteste le principe que la loi générale ne s'applique
qu'aux cas non prévus par une disposition spéciale. En second lieu,
outre le motif évident qui a dicté cette disposition, et qui devoit
suffire pour faire penser qu'elle est de rigueur, ne voit-on pas que
le législateur, dans tous les contrats pour la validité desquels il
a exigé la rédaction par écrit, a eu soin d'exprimer que l'écriture
n'étoit nécessaire que pour les objets d'une valeur excédant 150
francs, lorsque telle étoit sa volonté ? et le silence qu'il garde ici,
n'est-il pas la preuve que la rédaction par écrit est une condition
essentielle de la transaction (Voy. art. 1834, 1923, 1985, 2074 du
Code civil) ? Mais il ne faut pas que l'écrit qui constate ce contrat
soit authentique : il est libre aux parties de n'en dresser qu'un
acte sous seing privé. Dans ce dernier cas, il faudra remplir le
vœu de l'article 1325 du Code civil ; car la transaction, pour
n'être pas toujours et nécessairement un contrat commutatif et
onéreux pour chacune des parties, n'en est pas moins évidemment
un contrat synallagmatique, dont il importe à chacune des parties ayant intérêt distinct de pouvoir constater l'existence.

Si les parties, ainsi que le leur permet l'article 2047 du Code
civil, ajoutent à la transaction une clause pénale, pour en mieux
assurer l'exécution, les effets de cette stipulation seront réglés par

la loi sur les clauses pénales (voy. art. 1226 et suiv. du Cod. civ.): ainsi, à moins que cette clause n'ait été stipulée pour le simple retard, on ne pourra pas cumulativement demander et l'exécution de la transaction elle-même, et le paiement de la clause pénale (art. 1229).

CHAPITRE II.

SECTION Ire

Des personnes qui peuvent transiger.

L'art. 2045 du Code civil dit que, pour transiger, il faut avoir la capacité de disposer des objets compris dans la transaction.

La transaction, par ses effets, emportant toujours la renonciation à une action ou à un droit, est en cela une véritable aliénation, et tous les actes de cette espèce ont toujours été ou défendus par les lois à de certains individus, ou du moins soumis à des formes tutélaires, pour préserver leurs intérêts de toutes les entreprises qui pourroient leur nuire.

Ainsi, les majeurs non interdits peuvent transiger sur tous leurs biens; le mineur émancipé ne le pourra qu'en ce qui concerne ses revenus (art. 461). La femme séparée de biens n'aura pas besoin, pour transiger sur son mobilier, du consentement de son mari, ni de l'autorisation de la justice (1449). Quant aux tuteurs, la législation romaine leur interdisoit absolument toute transaction sur les intérêts de leurs pupilles : *Tutoribus concessum est, a debitoribus pupilli pecuniam exigere, ut ipso jure liberentur, non etiam donare, vel etiam deminuendi causâ cum iis transigere. (L. 46, 47, ff. de administratione et periculo tutorum.)* Aujourd'hui la faculté de transiger ne leur est pas interdite; mais ce pouvoir est tellement limité entre leurs mains, et la loi a entouré ces actes de tant de formes conservatoires, qu'il n'est pas à craindre qu'aucun abus puisse en résulter. (Voy. art. 467 du Code civ.) Non-seulement le tuteur ne peut, de sa pleine autorité, transiger sur les intérêts de son pupille, mais la loi, pour soustraire les mineurs à l'ascendant dangereux que la qualité de tuteur peut donner à un homme sur l'esprit quelquefois encore foible du mineur devenu majeur, frappe de nullité toute transaction intervenue entre le tuteur et le ci-devant pupille, si ce traité n'a pas été fait dix jours avant la reddition d'un compte détaillé et de la remise des pièces justificatives, le tout constaté par un récépissé de l'ayant-compte. (Art. 472.)

Les communes et établissemens publics, qui ont toujours été assimilés aux mineurs, et dont les intérêts sont spécialement confiés au Gouvernement, ne peuvent transiger qu'avec l'autorisation expresse du Roi. (Art. 2045.)

Secion II.

Des choses sur lesquelles on peut transiger.

Pour pouvoir transiger sur un objet, il faut non-seulement en être propriétaire, mais avoir la libre faculté d'en disposer.

En permettant aux parties de transiger sur les intérêts civils résultant d'un crime ou d'un délit, le Code a formellement décidé que ce traité ne pouvoit empêcher la poursuite du ministère public : en effet, les peines établies contre les auteurs des crimes et délits ne l'ont pas été pour la vengeance d'un intérêt privé ; c'est dans l'intérêt de la société entière, dont l'existence est compromise par les infractions des malfaiteurs au pacte social, que leur répression doit être provoquée. Il ne peut appartenir à un individu d'éteindre une action que celui seul auquel la société a remis le pouvoir en main, a le droit d'exercer. Aucun traité intervenu ne peut donc empêcher la partie publique de poursuivre si elle le juge à propos ; et, comme l'a dit l'orateur du Gouvernement dans l'Exposé des motifs, une transaction entre le ministère public et les prévenus seroit elle-même un délit. Cette disposition du Code est cependant contraire à la loi romaine, suivant laquelle il étoit permis de transiger sur tous les crimes, même ceux emportant peine capitale, à l'exception cependant de l'adultère. *Transigere vel pacisci de crimine capitali, excepto adulterio, prohibitum non est.* (*L.* 18, *Cod. de trans.*)

La morale a fait également interdire toute transaction sur la succession d'une personne encore vivante. (Art. 1130 du Code. civ.)

Dans tous les cas il est nécessaire que l'objet ou le droit qui doit faire la matière de la transaction, soit douteux ou incertain, et que cela puisse donner naissance à une contestation ; sans quoi l'abandon que l'une des parties en feroit à l'autre, ne seroit plus une transaction, et prendroit la forme d'un contrat ordinaire.

CHAPITRE III.

De l'effet des Transactions.

Les transactions ont entre les parties l'autorité de la chose jugée en dernier ressort. (Art. 2052.) *Non minorem auctoritatem transactionum, quam rerum judicatarum esse, ratione placuit.* (*L.* 20. *Cod. de trans.*)

Les transactions ne peuvent intervenir que là où règne une contestation, que là où une procédure est à craindre : il est juste, en effet, que, les parties ayant reçu de la loi le pouvoir de régler elles-mêmes leurs droits litigieux, l'arrêt qu'elles se sont prononcé ne doit pas plus être soumis aux variations de leurs caprices, que ne le seroit le jugement émané de l'autorité des tribunaux ; sans cela ce contrat seroit totalement illusoire.

Mais cette disposition a mis le législateur dans la nécessité d'établir quelques règles générales, afin que l'une des parties ne puisse pas être victime d'un oubli que l'on auroit fait dans la transaction, ou dans l'énumération des objets qui en faisoient la matière, à l'aide desquels on voudroit l'étendre à des choses que l'on n'étoit pas convenu d'y faire entrer.

Les transactions se renferment dans leur objet; la renonciation qui y est faite à tous droits, actions et prétentions, ne s'entend que de ce qui est relatif au différend qui y a donné lieu (art. 2048).

Cette disposition est tirée de la loi 9, *ff. de transact.* §§. 1 *et* 3, qui porte : *Transactio quæcumque sit, de his tantùm, de quibus inter convenientes placuit, interposita creditur, et iniquum est, perimi pacto, id de quo cogitatum non docetur;* mais, pour connoître davantage encore la volonté des parties, l'art. 2049 enseigne que ce n'est pas seulement en s'attachant rigoureusement à la lettre de l'acte, que le juge doit décider ce qui a ou n'a pas été compris dans la transaction; mais que son opinion doit résulter encore du rapprochement et de la saine interprétation des diverses clauses qu'elle renferme.

De ce qu'une contestation entre deux parties a été terminée par une transaction, on ne doit pas inférer que, si plus tard l'un des contractans se trouve, au moyen d'une succession ou de toute autre manière, possesseur d'un droit pareil à celui sur lequel il a transigé, il puisse être empêché dans l'exercice de ce droit nouvellement acquis, sous le prétexte qu'il s'est lié les mains par le contrat qu'il a passé : l'essence de tous les contrats est qu'ils soient l'effet d'une volonté libre, et la parité des motifs n'est pas une raison suffisante pour présumer l'existence de cette volonté. De même, si l'objet ou le droit litigieux est commun à plusieurs individus, les consorts de celui avec lequel l'un a transigé, ne peuvent point opposer la transaction faite avec leur cointéressé, et rien n'empêchera celui qui avoit transigé avec l'un de ses adversaires, soit de poursuivre judiciairement les autres, soit de transiger avec eux d'une autre manière (art. 2050, 2051). Cependant si, dans le cas précédent, il s'agissoit de codébiteurs ou de cautions solidaires, l'application de l'article 2051 seroit susceptible de quelques limitations, et l'on seroit obligé de suivre les dispositions de la loi générale sur ces sortes de conventions (voyez, entre autres, l'article 1287 du Code civil).

CHAPITRE IV.

De la nullité et de la rescision des Transactions.

SECTION Ire

De la rescision des Transactions.

Les transactions ne peuvent être attaquées pour cause d'erreur de droit, ni pour cause de lésion (art. 2052).

La première disposition de cet article n'est qu'une répétition d'un principe admis universellement et dans tous les contrats, que l'erreur de droit ne rend jamais excusable. Quant à la seconde disposition, ce n'est jamais qu'avec une espèce de défiance que le législateur donne ouverture à une action en rescision d'une convention qui doit être la loi des parties contractantes : mais ici, non-seulement la demande en rescision pour cause de lésion eût été très-défavorable, puisque c'eût été encourager à des procès lorsque l'on cherchoit à les étouffer, mais la lésion même eût été le plus souvent impossible à prouver. En effet, avant le traité, les droits de chacune des parties étoient incertains ; car, s'ils ne l'eussent pas été, une transaction n'auroit pas pu intervenir. Comment donc auroit-on pu déterminer jusqu'à quel point l'une ou l'autre d'entre elles auroit eu intérêt de réduire sa prétention, ou même de l'abandonner entièrement ?

Le Code réduit les causes de rescision des transactions aux suivantes : lorsqu'il y a eu dol ou violence. La fraude est un délit dont nul ne doit profiter : sans consentement, point de convention, et du moment qu'il y a violence, il ne peut exister de volonté capable de consentir. Toutefois il est utile de remarquer qu'en principe général le dol ne se présume point et doit être prouvé, et que la violence doit être de nature à vicier toute espèce de convention (voy. art. 1112). Je placerai ici de suite la disposition de l'article 2057, parce qu'elle rentre dans le cas dont je viens de parler, et que l'action en rescision n'est ouverte que parce que le fait de retenir des pièces inconnues à la partie adverse, et dont la connoissance l'eût empêchée de transiger, est un dol manifeste : toutefois il faut que la pièce retenue soit décisive et péremptoire, et fasse cesser l'incertitude du droit sur lequel on a transigé ; car, si elle ne pouvoit produire d'autre effet que de rendre la situation de l'une des parties plus avantageuse, elle ne donneroit pas ouverture à l'action en rescision (voy. Procès-verbal des discussions).

L'erreur sur la personne ou sur l'objet de la contestation est encore un motif de rescision. Toutes les fois que la considération de la personne avec laquelle on veut contracter est la cause principale de la convention, l'erreur sur la personne détruit le consentement et rend la convention nulle (art. 1110). L'erreur sur l'objet de la contestation doit suffire pour donner ouverture à l'action en rescision ; car, là où il y a erreur, il n'y a point de consentement : *non videntur, qui errant, consentire. (L. 116, ff. de reg. jur.)*

L'action en rescision est encore admise contre une transaction, lorsqu'elle a été faite en exécution d'un titre nul, à moins que les parties n'aient expressément traité sur la nullité (art. 2054). Cette disposition est une conséquence de la nature des transactions, qui ne peuvent intervenir que pour terminer ou pour prévenir un litige : or, un titre nul ne donnoit à votre partie adverse aucune action pour vous contraindre à l'exécuter : si donc vous transigez sur des clauses obscures ou ambiguës, contenues dans un titre nul, sans transiger sur la nullité, il doit exister la présomption que vous croyez le titre valable et susceptible de contestation ; car, si vous en aviez connu les vices, vous n'auriez ni voulu ni pu transiger, puisque vous étiez certain que la nullité faisoit disparoître toute matière à procès.

SECTION II.

De la nullité des Transactions.

La transaction faite sur pièces qui depuis ont été reconnues fausses, est entièrement nulle (art. 2055). Les lois romaines et l'ancienne jurisprudence françoise distinguoient en ce cas : si la transaction comprenoit plusieurs chefs indépendans, et si la pièce fausse ne s'appliquoit pas à tous, il étoit de principe que la transaction, nulle en ce qui étoit réglé par la pièce fausse, conservoit sa force pour les points auxquels cette pièce ne s'appliquoit pas (*L.* 42, *C. de trans.;* DOMAT, liv. 1.ᵉʳ, tit. 13, section 2, §. 4). D'après le Code civil, une pareille transaction est *entièrement* nulle, et la partie même contre laquelle on a fait usage de la pièce fausse, ne pourroit pas exiger l'exécution du traité, quant aux objets étrangers à la pièce fausse.

La transaction sur un procès terminé par un jugement passé en force de chose jugée, dont les parties ou l'une d'elles n'avoient point connoissance, est nulle : si le jugement ignoré des parties étoit susceptible d'appel, la transaction sera valable (art. 2056).

Si le jugement termine définitivement la contestation, la transaction doit être nulle ; car toute convention, pour être valable, doit avoir une cause, et la cause des transactions doit être un objet litigieux : si un jugement n'étoit ignoré que de l'une des parties, outre le vice de nullité résultant de l'absence d'une cause valable, il y auroit encore ouverture à rescision ; car il y a nécessairement dol, lorsque, profitant de l'incertitude que les procès font toujours naître, vous engagez votre partie adverse à transiger sur un objet sur lequel le jugement rendu vous enlève tous vos droits.

Dans le cas de la seconde disposition de l'article 2056, si la faculté de l'appel existe, la transaction sera valable, parce que l'appel fait revivre la contestation ; que, par conséquent, on ne pourroit plus dire que la convention est sans cause.

Quant au pourvoi en cassation que l'on voudroit former contre un jugement non susceptible d'appel, M. BIGOT, dans l'Exposé des motifs, observe que le pourvoi n'empêche pas qu'il n'y ait un droit acquis, un droit dont l'exécution n'est pas suspendue ; mais, si les moyens de cassation présentoient eux-mêmes une question douteuse, cette contestation pourroit, comme toute autre, être l'objet d'une transaction. Mais une transaction seroit nulle, si elle n'avoit qu'un objet sur lequel il seroit constaté, par des titres nouvellement découverts, qu'une des parties n'avoit aucun droit (art. 2057). Pour que cette disposition puisse être appliquée, il faut que le titre découvert soit absolument décisif et péremptoire, comme si, postérieurement à une transaction sur une créance que vous prétendriez avoir sur moi, je retrouvois votre quittance.

Quant à l'erreur de calcul qui se seroit glissée dans une transaction, elle doit être réparée (art. 2058) : une pareille erreur n'attaque pas le fond du contrat ; elle n'est pas de nature à détruire le consentement nécessaire pour contracter valablement. Cette disposition est d'ailleurs conforme à la loi romaine et à l'ancienne jurisprudence.

FIN.

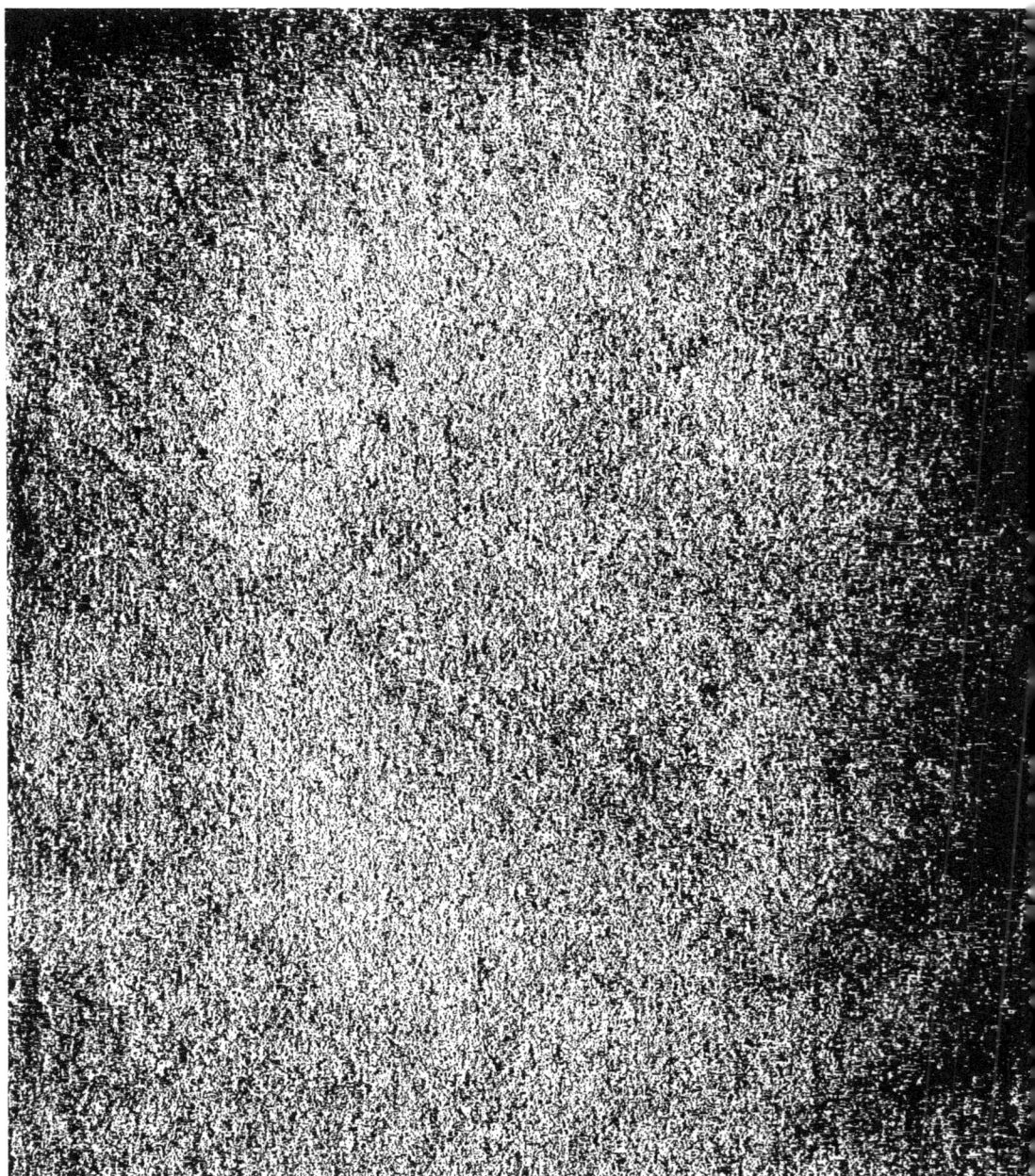

www.ingramcontent.com/pod-product-compliance
Lightning Source LLC
Chambersburg PA
CBHW050442210326
41520CB00019B/6032